감성시인 원인숙의 두번째 시집

머물지도 떠나지도 않는

감성시인원인숙의두번째시집

머물지도 떠나지도 않는

초판 발행 2010년 4월 5일
지은이 원인숙

펴낸이 안창현 **펴낸곳** 코드미디어
북 디자인 Micky Ahn **편집디자인** 장민서
교정 교열 이하나 **사진** 유원순
등록 2001년 3월 7일
등록번호 제 25100-2001-5호
주소 서울시 은평구 갈현1동 419-19 1층
전화 02-6326-1402 **팩스** 02-388-1302
전자우편 codmedia@codmedia.com

ISBN 978-89-94178-05-9-03810

정가 10,000원

감성시인원인숙의두번째시집

머물지도 떠나지도 않는

꽃이 왜 아름다운지

그대를 왜 사랑해야 하는지

언젠가 왜 죽어야 하는지

모르면서 나는 살아간다

시가 함께 걸어가고 있다

2010. 새봄

꽃이 왜 아름다운지
그대를 왜 사랑해야 하는지
언젠가 왜 죽어야 하는지
모르면서 나는 살아간다
시가 함께 걸어가고 있다
두 번째 시집이다
여전히 부끄럽고 모자란다
좋은 시를 쓰고 싶다.

| 차례 |

01

초엿새 달

02

벽

03

바다의 기억

04

팜 트리

05

비오는 일출봉

01 초엿새 달

내 편

어릴 때 사방치기
두 칸 세 칸 목자돌 차서 넣고
다리 벌려 양쪽 딛고 깨금발로 뛰어
마지막 네모 칸에 넣었다
사방 금 안으로
목자가 닿았다 아니다 서로 우기다
깍두기 친구 편먹는 바람에
그만 졌다

별 것도 아닌 일로 쓸쓸한 밤

틀렸는데도
말이 안돼도
박박 같이 우겨주는

내 편 하나
있었으면 좋겠다

나의 봄 1

밤새 비 뿌리더니
베란다 창으로 목련이 솟았다
까맣게 잠든 거실이
하얗게 눈 뜬다

그래, 벌써부터
탄천엔 조팝나무 싹이 움트고
파랗게 돋는 잔디 속엔
노란 꽃다지 풀 앉아 있을 게야

너와 내가 까맣게 잊었어도
어김없이 솟는 봉오리
어김없이 돋는 풀

계절이 그러하고
시간이 그러하고
사랑이 그러하고

이 아침,
봄 같은 생生의 하얀 얼굴

다가와 깜박인다

나의 봄 2

1.
흙덩이 붉게 사태 진 언덕
푸릇하다 노르스름 채색하는
먼발치 분명한 풀꽃
무너진 둔덕마다 어느 결에
그리운 이름처럼 돋아난다
깨어날 듯 혼곤한 꿈을 지나
가느스름 눈뜬 걸까
솔베이지 노래한 길
더듬어 찾아온 걸까
도무지 동틀 것 같지 않던
그 어둠을 지나 핀 걸까

2.
꽃, 꽃, 꽃, 봄꽃, 봄꽃들

3.
너와 내가 미처 헤아릴 줄 몰랐던
언젠가의 사랑 긴 들판을 지나
땅거미 쓸쓸한 저녁 강을 흘러

이따금 하나 둘 피어나는
그래서 몸서리쳐지는 꽃이라 여겼는데
그러나 그것은 너와 나의 오랜
지병持病처럼 서러운 아픔이었을 뿐
그저 아무렇지도 않게
다시 올해의 수많은 꽃들이
여기저기 물결처럼 피어나고 있었다

나의 봄 3 – 홍매화

가만가만 피어난다
고요를 채운다

꽃 피는 일이 기쁘거든
꽃 피는 일이 슬프거든

기쁨이 슬픔을 채우며
슬픔이 기쁨을 채우며
소리 없이 피어난다는 걸

당신을 사랑했던 그때 알았더라면
그렇게 아파하진 않았을 텐데

드높은 공간
가만가만 봄이 피어난다

그와 꽃

1.
빨강 보라 주홍 노랑
꽃들이 환하다 그도 환하다
꽃들이 웃었다 그도 환하게 웃었다
순간, 꽃은 그였고 그는 꽃이었다

(웃음은 정말 가벼운 우주야)

그는 꽃들이 안으로 들어와
제 꽃을 흔들어 우주가 되는 줄 몰랐다

2.
거북이 등딱지 같은 벽 속에서
간혹 흑흑 느끼는 소리가 났다
깊은 잠에서까지 신음 소리가 그치지 않아
그는 일어나 앉아 울었다
꽃! 꽃들! 우는 꽃들! 엉엉 우는 꽃들
망할 놈의 꽃! 그가 운다
세상 꽃들이 운다

(울음소리는 무너진 지구처럼 무거워)

그는 그가 우는 건지
제 꽃이 무너져 우는 건지 몰랐다

3.
그래서 사람들은 매일매일
그에게 붉은 포도주로 목을 축여 주고
소스를 얹은 스테이크를 정성껏 먹였으며
가능한 시원하게 몸을 만들어 주었다

가볍고 무거움에 지친 그가
꽃을 길바닥에 내동댕이칠지도 모르기 때문이었다

(그것은 그와 꽃을 사랑하는 사람들에게
가장 두려운 일이었다)

하현달

보름달 떠나고
여드레 비오다
갠 한밤중
낮은 동편에
누워 뜬 반쪽

시퍼렇게
잘린 그리움

초엿새 달

베어진 은가락지
거울 앞에서
은밀히 자란다

새댁의 불러오는
매실 닮은 배처럼
서서히 차오르는

달면서도 새콤한
숨은 시간의 간지럼

산수유 마을

잿빛 칙칙한 골짜기
어쩌면 영영 오지 않을 봄이
마을 자락을 다시 채색하는

돌아보면 어디에도 없는
아무데도 없는 그리움이
하늘 멀리 노랗게 번지는

폭풍 같은 사랑은
스러질 듯 새로 피워내는
옮은 저 빛깔을 새겨내지 못하리

한번도 마을을 떠난 적 없는

산수유 노오란 빛의 정체를
짐작할 수 없으리

봄산 해질녘
검게 터진 나무껍질에 부딪는 바람
파르르 떨리는 산수유 노란 마을

원적산 단풍 1

꽃만
꽃피는 게 아니다
온통 단풍 들다
그만
꽃불이 나버린 산등성

꽃 지면
열매 맺듯
온전한 소멸을 위해
타오르는
꽃단풍

원적산 단풍 2

버리기 위해
마지막 불탄다는 말
그런 거 나는 모른다
활활 꽃핀
타오르는 영상이
귀할 뿐

산과 산이 불타며
환희로 모아 둔
든든한 은행금고
가을이 채운
찬란한 빛

야금야금 꺼내면
잿빛 겨울
능히 견딜 수 있으리

여든하나 아버지

1.
동부간선 중랑천 따라
청량리 오른쪽으로 빠지면
우리 아버지의 집 서울 실버의원
이층 방 침상엔 할아버지 여덟 분
왼쪽 줄 두 번째 침대가 아버지의 방
머리맡엔 높이 구십 센티 장
장 속엔 휴지 한 통 칫솔 하나

2.
세면실 휠체어 면도 받는 아버지
내가 누구에요 아버지
누구긴 누구야 인숙이 현숙이지
석 달 만에 뵈어도 아까 본 듯
알아본 것이 고마워
아버지 면도하니 예쁘네
아기처럼 웃는 듬성듬성한 치아
다 새어 나간 바람처럼 휠체어에서 일어나

종종 걸음으로 침상에 오르실 제

쌈지 대신 허리춤엔 기저귀

3.
아버지 산보 가신다
휠체어 밀어 바퀴를 굴리자
환자복 소매에 흙 묻는 줄도 모르고
좋아라 저기 꽃구경 가자
중랑천 변 나리꽃은 수백리 고향처럼 피었고
요것은 무슨 꽃이지요
그게 뭣이냐 하면 저어~~저 구절초지
조것은 무슨 꽃이지요
그것은 말이다 들국화 코스모스
하시는 말씀마다 말짱하기만 한데
점심은 뭐 드셨어요
아랫말 좀새가 와서 같이 먹었지
십년 전 돌아가신 분과 잡수셨단다

4.
머지고개 가파른 길 내가 오르고
저만치 도는 길은 아버지 가시고

영차영차 누가 빨리 가나 보자
두 팔을 휘둘러 뛰어오던 아버지

이길 거야 이길 거야 헐떡이며 올랐는데
그만 아버지가 이기셨다
아홉 살 딸이랑 내기하던 그 아버지

5.
침상에 하얀 할아버지
눈을 감고 숨 쉬나 잠드셨나
한 줌 옷자락이 힘겨운 뼈마디
저 왔어요 아버지
겨우 눈떠 바라보는 무미한 얼굴
딸기 반 조각 입에 물리면
오물오물 넘기기도 힘겨우신
말씀조차 다 버리신 내 아버지

아버지의 봄

아스팔트 위
꽃잎이 날아다닌다
스밀 자리 없어 부유하는
꽃잎의 울음
한 치 사정없는 보도 귀퉁이
안주할 흙을 찾아 힘겹게 숨 쉬던
당신의 앙상한 가슴

길이 여덟 자 구덩이
꽃잎처럼 들어가신다
한 삽 흙으로 무너져 내리는
고사리골 산 메아리
"에호리 달회야"
멎은 숨결 어린 꽃잎을
넉넉히 받아들이는 노랫소리
산등성이 넘어오며
단단히 밟아 대는 바람소리

다지는 흙덩이 사이로
한껏 가벼이 솟아오르는

바람처럼 말린 아버지의 한 생
"에호리 달회야"
"이내 소리를 받아 주오"
소리자락 마디마디
사뿐히 밟으시곤
하늘하늘 걸어 들어가는
"에이허라 달호"
언제나 싹들이 움트는 그곳에
꽃잎으로 가시는 길
차마 봄을 축복하랴
한 삽 흙이 마저 무너진다

---

* 고사리골 : 강원도 횡성군 수백리 골짜기의 이름
* "에호리 달회야", "이내 소리를 받아 주오" : 강원도 횡성 지방의 회다지 소리 중에서

가평 가는 길

– 수백초등학교 19회 동창 모임 –

그곳으로 달려가면
설렘의 저 끝에 도달하리라
푸른 강가 우거진 유월
그리움 깊어 초록마저 어두운 강심
그 아래 숨겨 놓은 지층엔
아직도 나날이 깊어져가는 떨림
움켜쥐면 사라지고
파헤치면 도로 묻히는
넓디넓은 물의 가슴도
빗방울 하나에 파르르 떨리고 마는
흔들리는 그네를 타고
물 위에 누우면 금세 별이 흐르는
너와 나의 설렘이 너울지는 곳
자꾸 달려가리라
거기엔 원시의 낯익은 내음과
모를 듯 뿜어내는 강의 숨소리
더불어 강 깊은 설움이 무언지 알아
말없이 덮어주는 그대들이 있으리
시린 가슴 따라서 한 잔 나누면
빈속엔 애틋함이 차오르리

어쩌면 잃을까 혹시 두려운
우리의 설렘 찾아 달리는
유월 푸른 밤 가평 가는 길

돌아오는 길

1.
어둑하게 누운 칠봉산을 두고
간옥골 좁은 길 걸어 나오면
온몸에 허기가 스며들기 시작했다
돌아오는 길이 떠나는 길 되어
가야 하는 길이 갑자기 멀어졌다
고향집에선 언제나 배가 불렀다
먹지 않아도 가슴은 가득하고
엉덩이 들뜨고 허리는 풍선되어
이리저리 장등에서 날아올랐다

2.
겨울나무들이 맨몸으로 서 있는
언니와 걸어가는 야산 숲길
옷을 잃어버려 난감한 몸뚱이에
피붙이의 온기를 말없이 걸쳐주는
마른 낙엽이 푹신한 오후
부른 배 부푼 가슴이 날려 보낸
장등의 풍선은 어디쯤 가고 있을까

3.
밤길을 달려 돌아와야 하는 길
허기처럼 샅샅이 스며드는 한기
돌아오는 길은 다시 떠나는 길
아직 날지 못하는 두 아이를 싣고
무작정 불빛을 좇아 움켜쥔 운전대
고속도로가 너무나 어지러워
블랙홀을 피하려 고개를 흔든다

---

*칠봉산, 장등, 간옥골 : 강원도 횡성의 산, 언덕, 지명

두드러기

몸이 근질근질하여 눈을 뜨니
넙적한 두드러기가 나고 있다
귓바퀴부터 목덜미 뱃가죽 넓적다리 사타구니
머릿속까지 빨갛게 피어올랐다
가만 생각하니 며칠 전 마트에서 사온 고등어가
냉장고에 갇혀 슬픈 독을 품다가
내 몸에 들어와 독을 풀어내고 있는 것이다
독이 꽃으로 피고 있는 것이다

열꽃을 식히려 베란다 창을 여니
불꽃들이 많이도 피어 있다
자동차가 불꽃을 피우면서 달려간다
비행기도 꽃을 피우며 반짝반짝 날아가고
날지 못하는 무거운 것들은
닥지닥지 모여 앉아 불꽃을 피우고 있다
저마다 독과 슬픔과 남은 희망을
간절히 피우려고 잠에서 깨어난 불꽃들

열꽃은 병의 악화를 의미함이 아니라
회복되고 있음을 알리는 신호라 했다

열을 일으키는 바이러스들이 나가면서
몸에 열꽃을 함빡 피우는 것이라고
그렇다면 세상의 꽃이란 꽃은 모두
떠나는 바이러스들이 피우는 것일지도 모른다

한밤중 따갑게 피어오른 나의 열꽃
오늘은 고등어의 슬픔 바이러스가 피우고 있다

임플란트

입 속의 검은 동공洞空
잃어버린 뿌리가 남긴 어둠
그 어둠을 채우며 너는 씩씩하게 섰다
너의 부활에는 잇몸과 턱을 뚫는
드릴과 나사와 바늘이 필요했다
너에게 무자비하게 점령당한 나는
겨우살이를 생각했다

새에 의해 꽃가루받이가 일어나며
열매를 먹은 새가 부리로 나무를 쪼면
씨가 나무껍질에 달라붙고
씨에서 나온 싹은 변형된 뿌리로
숙주식물의 껍질을 파고 들어가 기생한다
그러나 너는 생을 파종하는 새가 아닌
내 상실의 대체물로 잉태하여
드릴과 나사의 변형된 뿌리로
턱뼈를 파고 들어가 점령군이 되었다

엽록소가 있어서 스스로
양분을 만들기도 하는 겨우살이는

천천히 자라지만 오래 살고
숙주식물이 죽으면 자연히 죽는다
하지만 너는 영양이 필요 없는 강철로
내 몸이 문드러져도 영원히 썩지 않는다
겨우살이를 없애는 방법은
숙주식물에서 완전히 제거하는 것이지만
너는 내가 죽어도 냉정한 쇠막대와
튼튼하고도 하얀 이빨로 남을 것이다

네 앞에서 무력하게 소스라치는 나는
내 안의 너를 몰래 경계하며
겨우살이 같은 이빨을 꿈꾼다

이 아침,
봄 같은 生의 하얀 얼굴
다가와 깜빡인다

02 벽

벽 1

모든 칼이 일어나
쉬지 않고 춤춘다
가뭇없이 베어지는 영혼
아픔은 이미 죽어버렸고
통로 없는 절망이
가야 할 길

샤워꼭지에 목을 매고
드디어 아득한 걸음
시퍼런 날을 사뿐히 딛고
붉은 피 흘린 흔적도 없이
너의 시간은
캄캄한 욕실 벽을 넘어서고

잃어버린 너를 찾아
살갑던 시간을
무참히 흩어버리고
너의 하얗게 마른 웃음과 울음은
누구도 알지 못할 검은 숲으로
부서지며 가버렸다

벽 2

만져도 만져지지 않는
보아도 보이지 않는
향기가 사라진 어둠

살이라 여기어 비비던
꽃이라 여기어 빛나던
내음이라 여기어 향기롭던

손과 눈과 콧잔등을
사방 벽이 에워싸면

꿈꾸지 않을 수 없어
압박 붕대로 목을 감고
벽을 뚫고
어두운 꿈길을 날아간다

---

* 벽 1, 2는 한 탤런트의 죽음과 관련함.

쓸쓸한 날에

쓸쓸한 날에
손톱을 깎는다

백치처럼 웃던 나날
어느새 자라나 할퀴어대는

산 넘어 걸어온 등줄기를 할퀴는
엄지손톱은 우선 뭉텅 자르고

성심껏 간수해 온 명치 찌르는
검지손톱은 줄칼로 싹싹 문대고

달콤한 입술 할퀴는 약지손톱은
술 부어 가위로 오려내면서

깎은 자리 낯모를 슬픔으로
새끼손톱마저 싹싹 긁어내며

손톱이 자라 쓸쓸함에 이른 날
열심히 손톱을 깎는다

반얀 나무 Banyan Tree

두 팔을 잔뜩 벌려 나무를 안으려 했다
그녀 삶이 한 다스는 더 있어야
나무의 몸통을 겨우 두를 것이었다
몸통보다 더 우람한 뿌리의 몸 기둥
나무는 벋어나면서 무성한 잔가지와
잎을 지탱하기 위해 가지에서 뿌리를 내려
받침대를 만들어낸 것이었다

굵직한 가지가 새로 뿌리를 내리고 있었다
뿌리는 공중에 매달려 바람에 흔들거렸다
껍질에 쌓인 여러 갈래의 잔뿌리는
바알갛게 투명한 그녀 얼굴처럼 싱싱했다
바람에 마르지 않도록 줄기는
사랑의 수액을 넉넉히 공급하고 있었다
무럭무럭 땅에 닿아 기둥을 이룰 뿌리

우산 모양의 거대한 나무는 하늘을 드리웠다
그늘이 천 명의 그녀를 감싸 안을 만큼 널찍했다
그녀는 지혜와 고요를 상징하는 나무 아래
돗자리를 깔고 쉬고 싶다 했다

새로운 뿌리가 그늘을 만들 때까지
허공을 가로질러 땅으로 뻗어 내려올
그녀의 눈물겨운 사랑

---

* 반얀 트리(Banyan Tree) : 벵갈보리수, 지혜와 장수, 고요를 상징한다. 가지에서 나무 뿌리가 나와 지면에 닿아 줄기가 되어 넓게 퍼지며 약 2700㎡의 나무 그늘을 만들 정도로 성장한다.

홀로 기쁜 날

우는 아이야 아프리카로 가자
키를 넘는 말안장에 올라
높이 솟은 몸 우쭐거리는 말채찍
어여 가자 히이잉 뚜벅뚜벅

우는 아이야 아프리카 멀다면
그것 닮은 오하우 숲으로 가자
비 맞은 넓적한 잎이 정글을 헤엄치는
싱싱한 풀잎이 물고기처럼 떠도는

오랜 기억의 공룡발자국 파랗게 돋아
간밤에 꿈이 살아 우뚝 선 봉우리
무지개 홀로 서는 바닷가 푸른 하늘
두고 온 서러움 모두 행복인 날에

우는 아이야 아프리카로 가자
살진 말 엉덩이 어여 가자 알로하
스파이크 나무 홀로 춤추는
혼잣소리로도 이파리 기쁘고 좋아라

실제 사격

쏘아야 한다
살기 위해서

두 개의 조준점을 맞추고
숨을 멈춘다

탄환을 기다리는
그녀는 기쁘게 서 있다

절망의 표적은 아닐까
나풀대는 어지러움

벗어난 과녁
그녀가 사라진 무미한 생

다시 당긴다
천천히 올인

그녀 심장 명중
그녀가 내게 날아온다

스포츠카를 타고

바람 좋은 날 빨간 스포츠카
제멋대로 달린다 성질 활달한 구두처럼
빨갛게 빛난다 한번도 칠하지 않은 빛깔처럼
바람을 맞으며 바람을 가르며
햇살을 비끼며 햇살을 제치며
사랑하면 왜 안 되니 바람을 눕힐 거야
우리 사랑 여기 있어 햇살 너머 달릴 거야
우리가 없어 가둘 수 없는 오하우의 푸른빛
울적한 바위산 칙칙한 낭떠러지 꿈처럼 살아나
달리고 달려서 얼얼한 구둣발처럼
얼굴이 빨갛게 달아오른 당연한 사랑
생존인 사랑을 뛰어야 하는 야생마
그의 이름은 캘리포니아에서 날아온
슬프고 고독한 빨간 스포츠카 머스탱

황구지천

입춘이 내일 모레
줄지은 전봇대가 멀리 서녘 하늘에 닿고 있는
안개 부연 서해로 그녀와 함께 걸어가고 있었다
가끔 나를 찾아 주는 무심한 태공과
맨몸의 나뭇가지가 우리를 배웅해주고 있었다

갑자기 사과 한 알 노란 국화 꽃다발이 엎어졌다
내 등허리는 시신 발굴 현장이란다
성모송을 부르러 가던 연모양이
2년 전 내게 왔을 때는 까맣게 눈멀고
귀먹었던 사람들이 왁자지껄 몰려왔다
무더기 전경들이 줄지어 폴리스라인을 치고
기자들은 막아선 전경의 가랑이 사이로 셔터를 누르고
하늘에선 헬기까지 요란하게 퉁탕거리며
그날 밤 그녀가 내게 왔던 장면이 재현되었다.
두려움을 모르는 시신인형은 손발이 묶이고
스타킹이 목을 조르고 열 개의 손톱이 잘려졌다

나는 밤마다 그녀를 감싸안았다

앞으로도 내가 그녀를 위해 할 수 있는 것은
가엾은 그녀의 수액을 아주 조금씩이라도 안아 주며
쉼 없이 서해로 함께 걸어가는 일일 것이다

---

* 황구지천 : 경기도 의왕에서 발원, 수원 호매실동을 거쳐 서해로 흘러가는 하천

시인

방학이다
늘어지게 열시까지 자고
세수도 건너뛰고
출근할 때보다 무심히
아침밥을 더 많이 먹는다
커피를 마셔도 흐리멍덩
멍청한 돼지처럼
사흘을 풀어놓고는

시를 써야 시인이지
시를 쓰는 순간이 살아 있는 거지

갑자기 삶이 불안해진다
돼지의 목을 조른다

독백

강을 건넜다지요
가면 그 뿐 돌아올 수 없는
레테의 강인가요 히프노스의 동굴인가요
아직 하나의 결상은 남아 있나요
강이 그리워한 해무 자욱한 바다를 바라보며
여자가 조심스레 물었다

잊기로 하면이야 이승에 떠오는
새뜻한 초승달도 하늘에서 지워져요
하지만 바다 위를 걷지는 않아요
가능하면 결상 하나는 남겨 두겠어요
침묵처럼 저만치 날아가는 바람을
흘끗 바라보며 그녀가 대답했다

앉으리라는 희망은 남아 있나요
여자의 마지막 물음에 그녀는 말했다
결상은 언제나 그 자리에 놓여 있어요
보이지 않는 꽃처럼
보이지 않는 사랑처럼
보이지 않는 죽음처럼

목발과 황금들

살다가 목발을 짚게 됐다는
언니를 문병 가는 길
목발 짚은 건 참 안됐지만
언니를 만날 설렘은 문병도 즐거워라
만날 파김치처럼 사는 막내까지 들떠서
드디어 세 자매는 고향 들판에 섰다
황금색 들판이라더니
오호라~ 노오란 들판
어디에 숨었다가 나타났을까
자매의 마음 걷잡을 수 없이
저절로 서두르게 하더니
네 빛을 보러 예까지 왔나 보다
가면 그 뿐 돌아올 수 없는 곳이란
얼마나 슬픈 일인데
목발이야 좀 있다 내버리면 그뿐
세 자매는 고운 낙엽 황금 들판이 즐겁다
절룩이는 목발도 황금처럼 빛난다
어릴 적 뼛속까지 스며들어
잊은 듯 잃어버린 듯 했으나
순식간에 점화되어

가슴에서 튀어나오는 가을 빛깔들
사십 년 전 세 자매가
사십 년 후 세 자매와 손잡고
황금빛으로 하하 웃어 댄다

영원사 은행나무

주름진 검은 몸통
너는 나이가 많구나

하늘에 닿은 시커먼 가지
여태 꿈이 자라는구나

연둣빛 새순 피우더니
가을에도 꽃 피우는구나

꽃피는 일이 삶이라고
온몸이 샛노란 꽃이로구나

칠장사 은행나무

어디서 왔을까
고운 빛

....

여름부터
지치도록 달려와
온몸에
화들짝 피어난
노란
단풍꽃

칠장사 유람

그대의
농담 어린 말씀이
노랗게 꽃핀 은행나무

돈 걸고
엎드려 발원하는
진심 어린 단풍 삼배

한잔 술
녹록한 발걸음에
천진한 시월의 바람

찰카닥
가을을 찍어 대는
그대의 유쾌한 작업

청맹과니의 노래

– 향일암 좌선대에 오르며 –

해는 이미 떠 있으나
해를 맞으러 오르네
언제나 마중길이 늦어
언제나 어긋나는 걸음
놓쳐버린 시간을 오르네
아무도 모를 해 뜨는 곳
누구도 모를 해맞이를
없는 길 찾아 만들어 오른
거친 잡풀에 구르는 돌덩이
바위 가로 막는 천근의 길을
가벼이 몸 줄여 오른
하늘빛 당신을 찾아 오르네
어둠 지나 드리운 해무 건너
드디어 당신이 다다른
별빛이 화안한 그곳으로
그곳엔 햇살이 부르는
은빛 반짝임의 노래 들릴 것이네
그 벅찬 노래로 눈 감아
낭떠러지 까마득한 저 아래조차
사뿐히 낚아채어 올린

푸른 하늘 맞닿은 당신에게로
귀머거리 듣고 싶어
청맹과니 눈 열고 싶어
당신이 넘은 시간을 오르네
당신의 길 당신의 소리 찾아
귀먹은 청맹과니 더듬더듬 오르네

건담

무수히 깨알 같은 번호
찬찬히 들여다보며
이리 꿰고 저리 꿰고
엄마 다리 하나 만들었어
그물망 같던 조각들이
기특한 다리 한 짝이 되어
아들 손에 번쩍 들린다
그래 세상은 널려 있는
건담 조각을 꿰는 일이야
공들여 골똘히 맞추면
튼튼한 팔도 생기고
무엇이든 막을 수 있는 가슴
광채 나는 이마에
눈도 번쩍 뜨인단다
종일토록 세상을 만드는 아들
나는 건담을 위해 밥을 짓는다

앉으리라는 희망은 남아 있나요
여자의 마지막 물음에 그녀는 말했다
걸상은 언제나 그 자리에 놓여
있어요

03 바다의 기억

오월의 바람

우수수 파도치며 날아온다
천 년을 건너오는 바람
만 년쯤 비어 있던 공간에서
최초의 세포로 깨어나
오늘 여기까지 오는

우르르 달려오다 멈추어선
아카시아 꽃잎새 파르르 떨다
소리마다 향을 풀어내며
연둣빛 목소리로 까르르 웃어 대다
보이지 않는 날개 휘젓는

살아가는 일의 소요騷擾란
소요逍遙하는 잎사귀를 비벼대는
한갓 나부끼는 몸짓일 뿐
너는 향기와 소리와 빛깔을 내려놓고
다시 천 년을 날아간다

2006 가을

가을 아침이다 푸른 하늘 고운 단풍 가슴이 떨린다 여름내 너의 이파리는 초록색이라 믿었는데 너의 전설 어디쯤인가 깊숙이 잠겨 있던 너도 모르고 나도 모르던 빛깔들이 여기저기 튀어 나와 혼곤히 가슴을 흔든다 어쩌면 너는 통영 앞바다에서 반짝이는 아무도 풀어낼 수 없는 초록 물감이었다 어디론가 고동을 울리며 떠나야 하는 소매물도의 물빛처럼 너의 이마에 서늘했던 그래서 끝내 낯모르는 섬에 주저 없이 닿은 나의 머리칼도 한 올 한 올 푸른 보리 물결 되어 출렁이던 그 여름 설화의 빛깔이었다 너와 내가 아주 모르도록 숨어 있던 빛깔들은 붉은 듯 타는 듯 울음 울며 이 가을을 찾아와 잠자리 날개 파르르 떠는 가슴에 파고든다

그 떡갈나무

바람이 우수수
매달린 나뭇잎의 울음소리
잠들지 못하는 떡갈나무
나지막이 잠들고 싶은데
떨켜를 만들 수 없는 너는
선천적으로 떨켜를 만들 줄 모르는 너는
낱낱의 잎을 갈색으로 죽이며
허공에 뜬 모래처럼 바싹 마르도록
가지에서 떨어뜨리지 못하고
무서운 칼바람의 힘을 빌어
어쩌다 몇 잎 마른 눈물로 겨우 떨어내는
떨켜를 만들지 못하는 너는
떨켜를 만들지 않아도 되는
그리운 나라 울음으로 꿈꾼다
밤마다 우수수수

그 가을의 속도처럼

나뭇잎이 떨어진다
떨켜의 시간들이 나부낀다
그가 떨켜를 만들던 시간
햇살은 충분했으며 아침 공기는 맑았다
최저 기온 영상 5도에서 시작
밤이면 모진 울음을 삼켜야 했지만
하루하루 조용히 온도는 내려갔다
드디어 안전할 만큼 떨켜가 생기고
더 이상 네게 전달될 수 없는 수분
가을 여문 햇살을 받은 너는
습관처럼 광합성으로 영양을 만들어 냈지만
그가 굳게 지어 놓은 떨켜층 때문에
양분은 그에게로 전해질 수 없었다
네 창창한 날의 엽록소는 분해되기 시작하고
핏발 선 붉은 얼굴에 누렇게 뜬 갈색 눈
네게 숨었던 상실의 고통이 이빨처럼 드러나고
네 사랑은 정상에서 산 아래로 하루 40m씩
소리 없이 북에서 남쪽으로 하루 25km씩
그 가을의 속도처럼 낙하했다
소스라치는 기억의 조각과 두려운 가지의 상처는

마지막 떨켜를 잘라버리며
그 가을의 속도와 함께 사라지고
다시 또 언젠가의 겨울처럼
그는 까맣게 맨몸으로 남았다

2006 겨울 1

고개 들어 눈길 닿는 곳마다
하얀 겨울이 빛나는 아침
눈의 나라에서 메일이 왔다
우선 메일로 인사한다는 나이 많은 교장 선생님
친정 오빠와는 고등학교 동창
조카 희은으로부터 사인한 시집을 전달받아
날아갈 듯 기분이 넘치셨다는
밤새 소북히 쌓인 눈을 바라보면
지난날의 아픈 상처가 전부 아문 듯 따뜻해진다는
(하지만 상처란 도대체 모르실 것도 같은)
어떤 선생님의 차를 타고 춘천에서 기린으로 출근하며
눈길 운전하는 사람은 애를 먹거나 말거나
당신께선 콧노래 부르며 설국의 낭만을 즐겼다고
얌체 같지 않느냐 반성하시는
순진한 교장 선생님
갑자기 눈의 나라로 떠나고 싶은
겨울의 하얀 바람이 따스하다

---

* 소북히 : 표준말은 "소복이"
* 기린 : 강원도 인제군 기린면

2006 겨울 2

크리스마스가 나흘 남았다
멀리 교회 뾰족지붕에는
반짝이는 축복이 눈발처럼 흩어져 내리는데
별을 그리워한 사람들은
별보다 더 큰 불빛을 창마다 걸어 놓고
아직 별이 그리운 자동차들은
별 같은 불빛을 꽁무니에 매달고
더듬더듬 혹은 쏜살같이 어디론가 떠나는데
무거운 고개를 가누지 못해
하늘의 별을 쳐다볼 수 없는 사람들
마당 낮은 나무에 총총 잔별을 심는다
무한천공無限天空 지나 지상을 찾아오는
불빛처럼 깜빡이는 별빛 사이로
팽팽하게 부풀어 오르는 풍선처럼
쨍쨍한 캐럴이 북을 치며 울려 퍼져도 좋을 텐데
적막이 넓어서 좋은 거실
들리지 않는 캐럴과 보이지 않는 별빛
어둔한 무릎을 굽히며
잃고 싶지 않아서 아픈 불빛 하나를
크리스마스트리에 걸어 놓는다.

대설 大雪

빗물 떨어지다
흐린 해 저문다

계절을 말끔히
벗어버린 가로수

홀가분하다
눈 기다리지 않는다

겨울

영하 15도
빙점을 한참 지나
꽃과 향기가 돌이 되어버린 지점

흰색이다
채색 순간을 완전히 지나
꽃과 향기가 닿은 무채색 지점

온전한 자신의 체온을 찾았다
온전한 자신의 빛깔을 찾았다

언제라도 상승만이 가능한
언제라도 채색만이 가능한
온전한 겨울이 뿜어내는 강철 내음

세상은 꽃과 사랑과 향기를
언제쯤 점화할까 생각 중이다

겨울 팔랑개비

가만 놓아두면
햇살 튀겨 웃기도 하는데
건드리지 않으면
얌전한 겨울 햇살 졸음이 오는데
누렇게 말라 부서지는
갈대를 흔들어 대며
황량한 안산 갯벌을 휘돌아
그가 내게로 온다
웅크린 어깨 잡아 주면
잠자던 울음이 눈을 뜨고
목덜미 쓰다듬어 귓불 간질이면
으아앙~ 터져 나오는
넓은 들판 가로질러
매섭게 몸을 관통하는 바람
우와와~ 함성처럼 질러 대는
저조차 몰랐던
양철팔랑개비의 울음소리

바다의 기억

바다 푸른 길을 휘파람 불며 걸어와서는
잔잔한 몸짓으로 뭍에 안길 때
하얀 이 찰싹 드러내며 배꽃처럼 웃었다
바람 부는 물길을 가쁘게 달려와서는
거친 발길로 시커먼 바위섬을 물어뜯을 때
너는 으르렁거리는 슬픈 짐승이었다
상냥하거나 사납거나 때로 머뭇거리거나
언제나 목표물은 고착된 바위 덩어리였다
그것이 잠겨 있거나 솟아오른 것이거나
구름 너머 스치는 흐릿한 기억의 저편
가는 길이 바다인지도 모르는 작은 물가에 서서
서너 살 어린아이 여전히 울고 있다
지난날과 요즈음을 통틀어 내 삶의 핵심은
결국 넓고 푸른 바다에 엉큼하게 고착된
울음 덩어리를 맴도는 일이었다
내 사랑은 어쩌면 그 바위를 파도처럼 맴돌다
피어난 하얀 꽃이었을지도 모른다

러브하우스

부슬부슬 비 오는 러브하우스
물 만났다며 여기저기 키득거리는
건장한 남녀 거시기들
가끔 너도밤나무처럼
숨었다 나타나는 행렬
"우리의 법칙은 만유인력萬有引力이야"
"누구도 어쩔 수 없다구!"
외치며 늘어선 그들은
펄떡이는 심장을 꺼내 흔든다
황금알을 더 찾아내려고 눈알이 빨개져
알집을 파헤쳐 대더니
기절한 듯 죽어버린다

온전한 거시기들은
모두 망명亡命 중

궁평리에서

멀리 바다가 물러서고 있었다
갯벌을 덮었던 자락을 천천히 거두며
들리지 않는 바다 소리는
가물거리며 뒷걸음하고 있었다
칠월의 햇살은 두터운 구름을 뚫고 나와
갯벌의 몸뚱이를 속속들이 훑어 내리고
갯벌은 속수무책束手無策 널려 있었다
어떤 몸짓으로도 저를 감출 수 없는 갯벌
물러서는 바다 뒤에 드러나 움푹 팬
바다를 탓할 수 없으나 썰물이 남기는
살아내야 할 삶의 깊고 어두운 허방
거품을 뿜으며 가쁜 숨으로 기어가는 게 한 마리
한때 꽃으로 날던 갈매기의 어두운 날개 그림자
그것은 어쩌면 일주막전一籌莫展
너의 최초의 모습일지도 몰랐다
한 움큼 갯벌을 집어
아주 오래된 삼엽충 숨소리를 듣다가
차마 벗지 못하는 선글라스로
갯벌 같은 얼굴을 가린다

---

* 일주막전一籌莫展 : 한 발짝도 더 나갈 수 없다. 바둑 같은 경우 한 수도 더 둘 수가 없다.

광교산 기슭에서

그 숲에 앉자
나무들의 말소리가 들리기 시작했다

날마다 꿈꾸었지만
좀체 얼굴을 그릴 수 없던 소리를 좇아
여름 비 막 그친 산길을 걸어가는

그 산 깊숙이 은밀한 곳에선 아직도
꿈꾸는 소리 들을 수 있을까

그대와 걸어가는 광교산 기슭
어깨 손잡아 주는 산자락의 골물
오래전 귀먹은 귓전에 부딪치다
우르르 뛰어 들어오는 소리
빗물이 뚝뚝 듣는 나무들의 푸른 입술
안개로 피어오르는 산의 입김

메아리 없는 시간들이
한 그루 나무로 돌아와 내 앞에 서는

그 숲에 앉자 나무들이 두런두런
내 깊이 잠든 소리를 깨워 이야기를 시작했다.

태백산 주목 朱木 1

살아서 천 년 죽어서 천 년
생사가 공존하는

바위 아래 몸 날리며
삶과 죽음 모두 자연의 한 조각이라
누군가 남긴 한 마디 말
바람 없는 나뭇가지에
고요한 석고처럼 앉아 있다

세월에 하얗게 벼려진 뼈는
죽어서 오늘을 살고
죽은 몸통을 뚫고
젓을 파먹듯 다시 자라는 너의 새끼들
이파리 하나 스러지는 꽃잎에
백년 사랑을 맹세하는 네 새끼들의 울음은
한날 봄날의 헛말일 뿐이라

살아 천 년을 살아내고
죽어 다시 천 년을 살아내는 너

태백산 주목 朱木 2

보다시피 내 가슴은 숭숭 뚫렸어요
끔찍이도 간직하고 싶었던 그곳을
오뉴월 햇살에 버젓이 드러내니
비로소 바람이 시원하게 드나드네요
한때 뜨거웠던 심장 질긴 힘줄이
목을 잡아당기던 자의식이란 놈이
태백산 천 년 햇살에 흐늘거리더니
마침내 흐물흐물 뭉개져버렸지요
팽팽했던 소갈머리조차 뭉개져 마르다
하얗게 마르다 몸통마저 탁 트이니
뻥 뚫린 가슴마다 하늘이 넓어지고요
그 하늘에 얌전히 무릎 꿇은 허벅지 사이로
시공을 노닐던 바람이 찾아 들었지요
홀로 무진장 서러울 줄 알았는데
드디어 나는 존재하네요 비어 있음으로
시커멓게 늙은 육신 아주 텅 비움으로
배짱 좋게 천 년을 살 수 있더라구요

비오는 제주

밤배 더불어 파도를 가르며
푸른 바다 우뚝한 한라산을
꿈꾸며 그리며 달려왔다
하지만 너는 푸르지도 않고
높은 이마는 안개에 허물어져
나지막이 주저앉고 있었다
언제라도 무지개를 펼쳐 내는
너의 신기한 마술을 다시 보고 싶어
굳어버린 등덜미를 긁으며,
가까스로 버텨온 우리 절실한 날들
결코 스러지는 포말이 아니라고
돌아앉아 철썩이는 울음으로
막막함에 짓무른 하루를 감내하다
그래도 소리 없이 푸르리라
바다를 겨눠 소리치고 싶었는데
너의 무릎 사이 새까만 돌 틈에선
너와 내가 한 자락씩 밟아온
꿈의 가닥들이 여지없이 부서지고
비오는 제주는 수장되고 있었다

바다 푸른 길을 휘파람 불며 걸어와서는
잔잔한 몸짓으로 뭍에 안길 때
하얀 이 찰싹 드러내며 배꽃처럼 웃었다

04 팜 트리

남근석에 올라 1

무암사 위 200미터 지점
만만한 거리에 네가 있다고 했다
가볍던 걸음이 곧 로프를 잡고
급기야 끙끙 네 발로 암벽을 길 때
산정에 자리한 너는 무슨 생각을 했을까
만만치 않은 육신에
만만치 않은 영혼이 깃든다고
그렇게 비웃었을까
하지만 솔숲 산정에 우뚝한 너
생을 근사하게 치장하는 입술도
목숨 같은 사랑이라 이름 붙인 욕정도
무한 절정이라 믿었던 환희도
저 까마득한 아랫녘 땅바닥의 뒤척임도
이미 오래전에 네 발로 통과한
그래서 바람마저 잘 통하는 화석
양지바른 하늘이 되어 곧추 서 있었다
육신을 우습게 여기어
영혼이 깃들 집을 잃은 사람들이
너를 경배하지 않을 수 없도록
팔 두르며 네게 기대어 본다

가득히 너를 껴안고
네가 가진 하늘을 뒹굴고 싶다

남근석에 올라 2

에구머니 망측도 해라 또옥 같네
아줌씨 부끄런 소리 해쌓더니
두 팔로 남근석을 처억 감싸 두르며
흐뭇하니 사진 폼을 잡는다
당신이 만지니까 성이 나서
더 커져 부렀네 으하하 찰칵!
중년 부부의 웃음이 푸르고
바람 푸르고 햇살 푸르고
하늘 푸르고 그리움 푸르고
저 아래 두고 온 찌꺼기 같은 슬픔도 푸르고
몰래 숨겨 놓은 밤 가슴도 푸르고
한바탕 너를 안고 눕고 싶은
애인 없는 내 마음도 푸르고
한데, 예쁘장한 여인네와 남정네가
그 기특한 남근석을 그냥 지나친다
사진 찍어 드릴까요 주책없는 내 말에
사진 찍음 안 될 사이잖아 눈치 주는
친구의 말씀도 마냥 푸르다

태국에서 1

아침에 일어나니 창밖에
야자수 흐드러진 바다가 가득하다
눈발을 헤치며 어제 공항을 떠났는데
하룻밤 사이에 놀랍게 자란 이파리
풍성한 초록 훈훈한 바람

분가루처럼 하얀 산호섬 모래
연둣빛 유리같이 일렁이는 바다
싱싱한 돌고래로 솟구치는 아들 녀석
육쪽마늘처럼 생긴 망고스틱을
천 원에 네 개 사서 딸에게 주니
배시시 웃음이 살아난다

야자수 하늘이 푸르고
쾌속선 달리는 바람이 푸르고
으스스 떨리는 겨울 어둠 같은 건
어디에도 찾아볼 수 없는
눈부신 파타야가 달려온다

태국에서 2

어둠을 아는 사람들은
반짝임이 소중하다는 걸 안다
소망하는 것들은 어둠 속에서 반짝이고
끝없이 명멸하여 반짝임을 지켜낸다
별이 그러한 것처럼

태국 사람들은 오랜 시간 공들여서
한낮에도 태양처럼 반짝이는
에메랄드 사원을 높이 쌓았다
불에 구워 빛나는 도자기 조각을 이어
하늘까지 탑을 쌓고
손톱만한 유리 조각으로
지난至難한 세월을 한 땀씩 붙여가며
색색이 반짝이는 소망을 세워 올렸다
심장처럼 소중한 불상에는
철마다 반짝이는 보석을 국왕이 손수 입히며
깊은 가슴 그곳
최후의 반짝임에 도달하려 한다

행여 스러질까 두려운

그들의 소망 이름은 반짝 사원

태국에서 3

쾌속선은 낙하산을 매달고
높이 날게 한다
아이들은 새가 되어 환호한다

언제나 날고 싶었지만
꿈꾸던 새의 몸통은
고래뱃속처럼 컴컴했고
굉음을 지르며 지상을 떠나는
둔탁한 부력
새를 닮은 비행기에 실려
무거운 돌처럼 밤하늘을 날았다

창창한 하늘에 낮별로 날거나
날갯죽지에 불을 켜고
어둠을 가르던 별
노을 밖 저편 보이지 않는 기항지를
수놓던 아스라한 비행별

나는 뱃전에서 노래를 부른다
떴다 떴다 비행기 날아라 날아라

높이 높이 날아라 나의 비행기

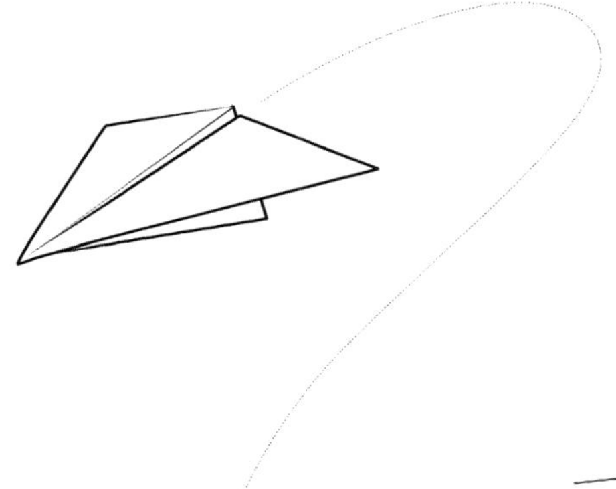

태국에서 4

방콕은 차가 밀린다
빨간 신호등이 변할 줄 모른다
잊고 있으면
어쩌다 움직이기도 한다

산호섬의 파란 사진
딸아이가 지워버렸다
엄마의 즐거움까지 지웠다고
머리끝까지 화가 났다

명쾌한 해결 솔깃한 변명
애틋한 해후 단단한 사랑
어지러운 욕심에서
도망가고 싶었다

밀리는 자동차
처이 처이 그러려니
처이 처이 그러려니

사춘기 딸아이

처이 처이 그러려니
처이 처이 그러려니

무심한 사랑
처이 처이 그러려니
처이 처이 그러려니

---

* 처이 처이 : 체념하고 받아들인다는 뜻의 태국 말

태국에서 5

코에 꼬리를 걸고 행진하는 코끼리 쇼를 보며
하루는 즐거워하고

끔찍한 이빨 사이로 머리를 집어 넣는 악어 쇼를 보며
하루는 노여워하고

느닷없는 펀치에 쓰러지는 킥복싱 패자처럼
하루는 슬퍼하며

날카로운 혓바닥 꼿꼿이 세운 뱀 대가리에
하루는 소스라치면서

어여쁜 게이의 슬프고도 화려한 알카자 쇼 객석에서
어쩔 수 없이 하루는 수긍하고

숨어 있는 혈을 짚어 잠자는 기억을 들추어
하루는 그리워하다가

이 모든 걸 함께 할 수 없는 그대를
오늘은 미워한다

오감五感이 생생하게 꿈틀거리는 태국

그대 이름은
희 노 애 락 애 오 욕 喜 怒 哀 樂 愛 惡 慾

애련 愛憐에서 1

어리고 약한 것들을 가엾이 여기어 사랑하는 애련리 산 들판은 지금 한창 여름 갈맷빛입니다 어서 오라는 소리는 없지만 슬며시 품을 내어주는 마을 계곡의 숲은 우리아버지어머니 들어앉으신 잔디 아래 깊은 잠자리만큼이나 푸르고도 고즈넉한 가슴입니다

어두워가는 저녁 안개는 아버지 마지막 얼굴을 가리는 베일처럼 서서히 산머리에 내려앉고 어둠이 배어가는 검은 산등성은 어머니 셋째 딸 반생의 보이지 않는 떨림과 울림으로 가득한 침묵을 삼킵니다 어딘 듯 아버지어머니 음성의 메아리가 달려오는 듯 했지만 귀 기울이니 그것은 어린 물고기를 품어 안는 애련리 진소계곡의 끊임없는 밤 물소리일 뿐입니다

때로 물소리를 덮치며 멈춘 시계 바닥 같은 계곡으로 머릿불을 쏘아대며 괴물 같은 화물열차가 달려갑니다 어쩌다 창문에 불을 밝힌 객차가 지날 때면 나는 소스라치는 굉음에 오그라들다 일어나 어

둠에 가려 보이지도 않을 손을 우리 아버지 어머니에게 흔들어봅니다

---

*애련리 : 충북 제천시 백운면 애련리

애련 愛憐에서 2

녹청의 산빛을
헤엄치는
두루미
시간 저편을 날고

애련의 물빛을
노니는
물고기
한낮의 햇살을 달린다

깃을 엎어 살을
비비는
물오리
비취빛 사랑을 나누고

살가운 그대
그리는
개울물
푸른 여름을 적신다

애련 愛憐에서 3 - 소년소녀

1.
개울물은 맑았다
아직 여물지 않은 물소리는 풋풋했다
물을 움켜쥐고 소녀는 세수를 하다
청정한 물소리에 머리마저 풀었다
산뜻한 아침이 머리칼을 적시며
금세 연둣빛으로 흘러내리는 머리카락
소년은 소녀 머리카락 한 올마다
애련愛憐의 바람을 나부끼게 했다

2.
개울물은 푸르렀다
건너편으로 갈수록 연둣빛에서
점점 짙은 풀빛으로 여울졌다
물 건너 주홍 나리꽃이 활짝 피어 있었다
소녀는 죽지 않는 계곡에 잃었던 마음
소고삐를 놓고 나리꽃을 꺾어 달라 했다
소년은 마음의 소는 곧 나리꽃이라 했다
소년소녀가 마주보며 웃었다

3.

산등성이로 먹장구름이 몰려왔다
지나가는 비야 대수롭잖게 소년이 말했다
수숫단 속으로 비를 피했다
텐트 위로 두둑두둑 빗소리가 들렸다
소녀가 죽은 건 맵고 지린 무를 다 먹지 못한 때문이야
무에는 독감 예방 성분이 들어 있거든
소년이 말했다 소녀는 무를 먹었다
구름 사이로 햇살이 비쳤다 톡 톡 부스럭 지익
하나의 알을 깨듯 소년소녀가 나왔다

---

* 소년소녀 : 황순원의 소설 '소나기'의 주인공
* 죽지 않는 계곡에 잃었던 마음의 소 : ① 도덕경 제6장 '谷神不死 是謂玄牝곡신불사 시위현빈' 관련. ② 헌화가獻花歌 해석에서 김종우는 소를 끌고 가는 노옹은 잃었던 자기의 심우心牛를 붙들어 그 소의 고삐를 잡은 노인이라 함.

팜 트리 Palm Tree

2009년 1월 18일 하와이 저녁 7시
와이키키 해변을 지키는 나무들

여기저기 고래처럼 쭉쭉 뻗은 몸통
파도치는 검은 하늘 잎사귀

나무 하나를 힘껏 흔들어 보았다
과연 너는 움직일 것인가

안간힘 쓰며 쳐다보았더니
그 녀석 내려다보며 피식 웃는다

"잎줄기 하나씩 바람에 잘릴 때
모래 바닥 뿌리론 고래를 키웠지"

갑자기 숨 터지는 나의 고래 한 마리
저녁 바다 속에 풍덩 넣어 주었다

만경강을 지나며

연초록 진초록 가지런한 들판을 지나
야트막한 언덕마다 배롱꽃 붉더니
넓은 들 가득히 강이 누워 흐른다
서울로 진격하는 전봉준이 울며 건너던
포성에 쫓긴 난민들이 아우성치며 건너던
어느 시인 소년에겐 아늑한 꿈이요 추억인 강
지금 나는 여름 방학 직원연수 버스 안에서
그대에게 문자를 보내며 만경강을 건너고 있다
그대와 나에게 만경강은 무엇으로 흐를까
답신을 바라는 그대에게 강의 입술은 말한다
그대들이 급격히 지나온 만경강 상류는
돌아볼 겨를 없이 살아온 서로의 세월이요
이제 그대들이 더불어 살아갈 강 하류는
속도가 매우 느린 풍요로운 곡류 하천일 것이며
그대들 사랑의 밀물 때는 완주군 삼례읍까지
하천수위가 상승하는 감조하천이 만경강이라고
하곡의 변동이 심하고 홍수 피해가 잦은 만경강은
그대들이 변함없이 살아내야 할 세상이라고

태백산에서 1

산등성이 가득한
붉은 철쭉을 보려 산에 오른다
시원한 등성이마다
하늘의 꽃송이를 피워 물고
잔잔히 불꽃으로 타오르고 있을

태백산 신단수 아래
바람과 비와 구름을 거느리고
너른 세상의 꽃빛이 되라
찬란히 물든 하늘의 향연을 보려
산을 오른다

두근거리는 가슴
꽃들의 기다림이 넘치는데
옮기는 걸음마다 낭자한
사랑 깊은 꽃의 웃음소리
하늘이 피워 낸 고운 얼굴

비스듬히 장엄한 등허리
넉넉한 하늘을 피어오르는

너와 내가 잊었던 꽃들의 낯빛
꿈에 그릴 꽃들이 손짓하는
그 처음의 태백산을 오른다

태백산에서 2

바람에 떠오는 너의 환한 웃음소리
이파리에 노니는 눈부신 햇살
네가 부르는 소리 들릴 듯한데
옮기는 걸음은 어찌 이리 무거울까

버리지 못해 내치지 못해
녹아내리지 못한 기억의 한소끔
질기도록 길바닥에 휘감아 쓸리는

날개옷 저어 사뿐히 날아가고 싶은데
쩔쩔매는 땀방울은
가다 멈추거니 걷다 그치거니

걸음마다 흐르는 땀마다
지팡이 찍어 맺힌 무게를 내친다
다 버린 가벼운 얼굴만이
온전한 너를 만날 수 있거니

태백산에서 3

가장이라는 말이 있어야 할 자리는
심장이 아니라 머리다
꼭대기 맨 위는 가장자리하고도
머리카락 날리는 바람의 끝
바람의 끝에서 소망하는 것들은
아슬아슬한 낭떠러지만큼이나
절박하고 슬픈 일, 다시 돌아설 수 없는
북적대는 시장 한복판을 이미 지나
가장의 끝에서 비로소 길을 찾아내야 하는
여인이 조용히 무릎 꿇어 앉아
켜켜이 쌓은 돌제단 하늘에 닿으리라
소망을 피워 올리는 바람 부는 빈 공간
버리지 못한 주머니에서 곰팡내 나는
발효되지 못해 냄새나는 어제와 오늘을
진지한 향으로 피워 내는
소망이란 더없는 축복이라 천제단 여인이여
그녀 생이 태백산 꼭대기 끝머리에서
하늘을 향해 올올이 피어오른다

태백산에서 4

1.
太白이라 서있는 立石
산등성이 굽어본다
이곳에 올랐다 말하려
줄지어 찍는 사진
여기에 왔노라
와서 하늘을 보았노라

2.
붉은 철쭉 간데없다
군데군데 남아 있는
타오르던 꽃의 흔적
멀리 사라진 웃음소리
언제나 늦은 걸음에
놓쳐버린 사랑의 향연

3.
귀 기울여 듣고 싶은
꽃들이 남긴 속삭임
푸른 잎사귀 갈피갈피

꽃빛 묻어나던 즐거움
넘치는 하루를 자제하는
태백산이 푸르다

---

*철쭉의 꽃말은 자제, 사랑의 즐거움

05 비오는 일출봉

울릉도에서 1

2억 5천만 년 나이를 먹은
울릉도가 살아 있다네
나이 들면 퇴락한다는데
나이를 많이 먹어 바위조차 싱싱하다네
즐비하게 솟아오른 어깨뼈 사이사이
싱싱한 숨결이 꼿꼿이 살아올라
소나무 푸르고 붉은 나리 꽃피우네
마른 절벽 물을 적시는 가슴
작은 풀잎에 초록을 키우네
야무진 갈매기 날아올라
우리들 지친 사랑 날개를 달아주네
언제나 모자라는 지갑도 채워주네
뒤척이던 시간을 내쳐버린다네
멋모르게 달려가던 아둔한 일상이
나이를 아주 많이 먹은 울릉도에서
초롱초롱 눈을 뜬다네

울릉도에서 2 – 자화상

유람선 꽁무니가 파도를 뿜어낸다
갈매기 매끄럽게 날아다닌다
멀리 뾰족한 바위는 청정한 절경이다
달리는 바다 은빛 춤을 춘다

소용돌이치는 파도였다
갈매기보다 매끄럽게 날았다
절경의 벼랑에 신발을 벗어 놓은 적도 있었다
은빛 햇살이 내려와 거리를 만들었다
문득 햇살이 사라지기도 했었다

다가왔다 다시 멀어지는 섬, 바위
나는 꽃과 사랑과 죽음을 유람한다
묘비명이 떠오르질 않는다
묘비명을 향해 유람선이 달린다

울릉도에서 3 – 코끼리바위

너의 갈증은 다했느냐
너의 번민은 다했느냐
수평선에 코를 박고
무한정 끌어올리고 있는
네 영혼의 푸른 바다

울릉도에서 4 – 봉래폭포

추락하는 것의 아름다움
높은 곳에서 떨어진다
쉬지 않고 추락한다
모든 날개 달린 것이 추락한다는 것은
끔찍한 파멸이지만
너는 날개로 추락한다
하얗게 소리치는 날갯짓은
저 깊은 땅바닥으로
가장 낮은 바다를 향해
기꺼이 물보라로 추락하여
세차게 날아갈 뿐이다
아래로 끝없이 비상할 뿐이다

울릉도에서 5 – 비오는 날의 월남뽕

일송과 비 사이
가장 확률이 높은
12분의 10, 83.3333……%
그대와 나의 사랑
일송과 비 사이에서
가장 확률 높은 행복을 가져온다 해도
나머지 12분의 2만큼은 슬픈
12분의 2만큼 눈물을 간직하는 것

매화와 국화 사이
12분의 6, 확률 50%
그대와 나의 사랑
매화와 국화 사이
절반의 행복과 절반의 불행이 공존하는 게 아니라
절반의 행복이 던져진 패로 인해
온전한 행복으로 100% 바뀌는
절반의 불행이 100% 불행으로 뒤집어지는

인생은 월남뽕

성산 일출봉

홍적세라든가 아주 오래 전부터
분화구 언덕 가운데
아흔아홉 날선 바위가 지켜주는
늘 해 기다리는 나무 하나 있어
해가 뜨지 않을 수 없는
(하루)

언제나 처음으로 해가 떠서
죽어버린 까만 돌에 숨을 넣고
제주분홍풀 제주나룻말 같은 가여운 것들
웃음 잃어 시들까 보아
아침마다 해가 떠야 하는
(또 하루)

오늘처럼 안개비 덮은 날
도무지 길일 것 같지 않은
도대체 보이지 않는 성산에 올라
구름 밖으로 떠나는 그대를 위해
아무도 모르게 해가 뜨는
(내일)

---

* 제주분홍풀, 제주나룻말 : 성산포 일대에서 자라는 신종 해산식물

비오는 일출봉

하늘 아래 풍채도 좋은
성산 일출봉 오르는 길목은
언제나 푸른 하늘 새파란 초원
한가로운 말 몇 마리와
신혼부부의 사진 찍는 웃음소리
때로 억새가 흔들린다든지
유채꽃 향기가 흩날리든지 그래야 하는데
오늘 성산 발치는 안개 밭인지
분간 못할 바람이 가득하여
흰 우비자락만 스산히 펄럭인다
도무지 해가 뜰 것 같지 않은 일출봉
유령처럼 계단을 오르다
산허리 장군바위에 바람을 피하다
하나씩 겨우 오른 계단의 끝
보여야 할 해는 어디에도 없고
엄청난 안개 바람만 가득한데
막막한 대양을 가르며 솟아오르라
숨은 햇덩이 두리번거리며 찾는다

만리장성에서

시간은 흘러 어디론가 사라지는 줄 알았다
너와 나의 웃음이 울려 퍼지던 청라언덕도
오랜 세월 지나면 사라지는 줄 알았다
위대한 사랑과 욕망의 역사도
산맥 같은 공간을 넘어서면
먼지 되어 흩어지는 줄 알았었다
하지만 여기 장성長成으로 남은
누군가의 너와 내가 만들었던 공간
널따란 돌판 짜여진 벽돌 하나에
무수하게 닳아 없어진 너와 내가
사라진 자취로 온전히 존재하는
시간과 공간으로 돌아와 엄연히 존재하는
푸른 햇살 아래 도란도란 오늘을 걷는
빨간 모자에 셔터를 누르는 너와 나는
빗줄기 속 장성의 벽돌을 나르던
바윗돌 자르다 힘에 부쳐 쓰러진
돌아갈 꿈이 돌덩이 아래 그저 그렇게 묻힌
그렇게 무수했던 누군가의 너와 나일뿐
지금은 온전한 자연으로 남은 만리장성

마산포에서 1

마산포에는
바람이 살고 있다
낮게 누운 바다와 높이 누운 하늘이
바람의 집이다

야트막한 대부도 담벼락
나지막한 제방이 소파다
기르는 갈대는 혹여 키 높아질까
수없이 절하게 한다

마당에는 연못이 있어
바람은 늘 직선을 떼어 낸다
몸을 할퀴는 수직의 벽은 부드럽게 허물어
둥근 물파도를 만든다

그 집을 사랑하는 사람들은
머물지 않으나 떠나지도 않는
포개지면 숨소리가 바람 되는
바람 닮은 그런 사랑을 한다

마산포에서 2

바람이 제 몸인 마산포에 왔다
가을 내음이 묻어온다
바람은 갈대를 여물게 하려 흔들어 댄다
서걱이며 바다를 다가오게 한다
수많은 햇살을 숨겼다 쏟아 붓는다
물에 잠긴 못 쓰게 된 나룻배를 어루만지다
잡히지 않는 낚싯줄에 머물다
잠자는 물결을 흔들어 허벅지를
망둥이를 부추겨 발등을 간질인다
굳어버린 등뼈에 잃었던 미각을
미끄러지는 새를 가슴에 안아
허공이라도 날 수 있게 불어온다
바람 부는 삶이 반짝일 수 있음을
바람이 제 몸인 줄 모르고 겨루려 애쓴 날들
붉은 햇살을 몰며 바람이 마저 분다
바람이 몸을 샅샅이 통과한다
관통할수록 점점 가벼워진다
날이 어둡도록 가벼워진 몸
하늘에 닿는다 수많은 별이 떴다

마산포에서 3

바람 자는 날
망둥이를 낚는다

손맛이 포르르
재미 한 마리

갯지렁이 꿰어
웃음 두 마리

쓸쓸한 어제에서
기쁨 세 마리

컴컴한 바닥에서
희망 네 마리

그대 가슴에선
사랑 다섯 마리

지는 해도
수만 마리 금빛을
낚는다

마산포에서 4

바람 눈부신 날
마산포에 꽃이 피었다
가지런히 동쪽으로 머리 숙여
하얗게 파도치는
은빛 몸 갈래갈래

너를 꿈꾸게 한 건
너를 새 밝은 동편으로 흐르게 한 건
너를 흔들어 수없이 물결치게 한 건
너를 마침내 몸 비우게 한 건

바람에서 태어나
바람을 먹고 자라
바람으로 여물어 꽃 피운
바람이 속속들이 너의 전부인 때문

날마다 등 뒤로 잠기는 해
날마다 가벼워지고 싶은 너
마른 몸 가득 바람을 채우며
미처 흐르지 못한 꿈

은빛으로 낱낱이 부서뜨린다

비봉 습지에서

1.
바람이 분다
축축한 곳에서 시작되는
은밀한 움직임 같은

여름내 가꾸었던 꿈
바람에 다 날려버린 마른 몸
부서져 오래된 사랑처럼
쓰러진 갈대 사이를

바람이 분다
꺾인 날갯죽지 들춰가며
엎어진 갈대를 맴돈다

2.
습지의 바람이
갑자기 솟구친다
물위로 펄쩍 뛰는 숭어처럼

쓰러진 시간을 자르는

새들의 싱싱한 울음
오리의 뒤뚱거리는
몸통이 하늘로 튕겨진다

바람이 펄떡인다
풀죽은 생을 두드리는
발랄한 부활절 종소리처럼

3.
여기저기 누워
습지가 되어버린 시간들이
죽은 듯 자라나 활짝 피어나는

습지 저편
봉황을 꿈꾸는 새들이
꽃처럼 떼지어 날아간다

대부도에서

몹시도 네가 보고 싶었던 건
언제나 저 앞에서
너를 기다리는 제부도가 있었던 때문
누군가 자신을 기다려 준다는
돌아갈 가슴밭이 있다는
그래서 바람의 서러움을 너끈히 견디는

보이지 않는 기다림이란
망부석이 될 수밖에 없는데
기다리지 말라는
절대 뒤를 돌아봐선 안 된다는
신의 금기를 어기지 않을 수 있도록
저기 저만치 앞에서
언제나 널 기다리는 삼삼한 제부도

전설처럼 너는 돌로 변하여
어쩌면 사랑의 영원한 생명을 얻을 수도 있는데
뒤돌아섬을 단호히 내칠 수 있도록
너를 붙들어 네 앞에서
잠자코 출렁이는 물살

널려진 물살의 축제가 끝나고
스러진 물살의 가장 밑바닥
타버린 갯벌이 가슴을 드러낸다 해도
찾아갈 등대가 저기 손짓하며
물때가 환한 길 열어 준다 해도
보이는 기다림으로 마냥 해를 기울게 하는

오늘도 기다림이 넉넉해서 쓸쓸한 대부도
어둠에 취한 갯벌이 저물어 내린다

당진 석문각에서

너는 바다를 갖고 있었다
동해의 수선스런 철썩임을 꿀꺽 삼킨

강원도 산골에서
기껏 화로에 구운 간고등어 대가리를 씹으며
꿈꾸던 나의 바다는
동해도 서해도 아닌
별처럼 영원히 닿을 수 없는
여로의 끝 피안이었는데

소용돌이치는 생의 뱃전
닻을 올려야 하는 짓눌린 한낮을
가슴에 쓸어 넣어 푸욱 담가서
풍도처럼 풍성하게 잔잔함을 우려내는
아늑함을 진국으로 고아내는

너는 그런 바다를 갖고 있었다

---

* 풍도 : 대부도 남서쪽에 있으며, 주변에 수산자원이 풍부하여 풍도라 불린다.

지연희 (시인,수필가)

오감을 헤집어 분해하는 대상을 향한 자유로운 소통

원인숙 시인이 제2시집 『머물지도 떠나지도 않는』을 출간한다. 첫 시집 『햇살이 만든 거리』 이후 3년 만이다. 2004년 계간문학지 「문학시대」 신인상 시 부문에 당선되어 본격적인 시작詩作 활동을 시작한 이후 두 번째 시집이다. 시인의 문학적 성장 속도를 짚는 이 시집은 보다 성숙한 원인숙 시인의 시문학 면모를 보여주고 있다. 천착하려 하는 대상과 마주서는 집중력이나 과감한 터치(감각적 응시)등은 근 10년에 가까운 원인숙 시세계를 감상하는 요인이 된다. 첫 시집의 언급에서 '원인숙 시의 의미들은 소멸되어지는 생명이 아니라, 어떤 장해(겨울이라는 혹한)도 물리쳐 파릇이 호흡하는 봄의 이미지를 지니고 있다. 견고한 초록빛 날개의 비상과도 같은 생명력을 담고 있다.' 라는 평설이었다. 파릇이 호흡하는 봄의 이미지 원인숙 시에서 집중적으로 보여지는 부분은 봄이라는 계절이다. 연둣빛 '봄' 이다. 연둣빛 생명 위에 노오란 햇살의 이미지를 연상하게 하는 이 시집은 시인의 내면을 깁는 순도 높은 영혼의 빛깔을 감각하게 한다.

밤새 비 뿌리더니
베란다 창으로 목련이 솟았다
까맣게 잠든 거실이
하얗게 눈 뜬다

그래, 벌써부터

탄천엔 조팝나무 싹이 움트고
파랗게 돋는 잔디 속엔
노란 꽃다지 풀 앉아 있을 게야

너와 내가 까맣게 잊었어도
어김없이 솟는 봉오리
어김없이 돋는 풀

계절이 그러하고
시간이 그러하고
사랑이 그러하고

이 아침,
봄 같은 생生의 하얀 얼굴
다가와 깜박인다.

– 시 「나의 봄 1」 전문

가만가만 피어난다
고요를 채운다

꽃 피는 일이 기쁘거든
꽃 피는 일이 슬프거든

기쁨이 슬픔을 채우며
슬픔이 기쁨을 채우며

소리 없이 피어난다는 걸

당신을 사랑했던 그때 알았더라면
그렇게 아파하진 않았을 텐데

드높은 공간
가만가만 봄이 피어난다

– 시 「나의 봄 3 – 홍매화」 전문

위의 인용시는 '봄은 사랑이다' 라는 공식으로 연결된다. '어김없이 솟는 봉오리' 처럼 '어김없이 돋는 풀' 처럼 봄은 피어나고 있다. 마치 봄 햇살에 꽃을 피워 내는 말간 꽃잎의 백목련처럼 '이 아침,/봄 같은 생生의 하얀 얼굴/다가와 깜박인다' 는 심연에 이는 바람이다. 까맣게 잠든 거실이 하얗게 눈뜸으로 불현듯 다가와 얼굴을 내미는 그리움의 실체를 이 시는 말하고 있다. '너와 내가 까맣게 잊었어도/어김없이 솟는 봉오리/어김없이 돋는 풀' 이라 한다. 봄은 만물의 가슴에 닿아 깊은 지맥地脈을 뚫고 샘물처럼 솟아오르는 사랑임을 시 「나의 봄 1」은 유감없이 보여준다. 싹을 틔우고 잎을 돋아 내어 한 송이 꽃이 되는 사랑인 것이다. '이 아침,/봄 같은 생生의 하얀 얼굴' 에 닿을 수 있는 그리움인 까닭이다. 원인숙 시 「나의 봄 1」에서 핵심적으로 천착하려 하는 부분은 생동하는 봄의 몸짓이지만, 미묘한 감성의 가닥이 흔들어내는 사랑에 닿게 한다.

시 「나의 봄 3 – 홍매화」는 '가만가만 피어난다' 로 시의 존재론적 주제의식을 함축시키는 은유된 언어들이 생성되어 일어서고 있다. 이는 앞서 보여준 「나의 봄 1」의 사랑에서 벗어나지 않는 시선이다. '꽃 피는 일이 기쁘거든/꽃 피는 일이 슬프거든/기쁨이 슬픔을 채우며/슬픔이 기쁨을 채우며/소리 없이 피어난다는 걸/당신을 사랑했던 그때 알았더라면/그렇게 아파하진 않았을 텐데' 지난 시간에 대한 술회로 의미를 제시한다. 꽃을 피운다(꽃=꿈을 이루는 일, 어떤 성과를 뜻하지만 이 시에서는 '사랑'에 초점을 맞춘다.)는 과정은 기쁨이기도 혹은 슬픔이기도 하지만, 그 슬픔과 기쁨의 무게를 채우고 안으며 살아야 한다는 것을 당신을 사랑했던 그때 알았다면 아파하지 않았을 것이라 한다. 시 「나의 봄 3 – 홍매화」는 한겨울 혹한을 딛고 일어서야만 꽃을 피우는 홍매화의 굳건한 꽃피움을 '드높은 공간'으로 제시하며 '가만가만 봄이 피어난다'는 어떤 장해를 딛고 일어선 높은 사랑의 진정성을 세우고 있다.

아스팔트 위
꽃잎이 날아다닌다
스밀 자리 없어 부유하는
꽃잎의 울음
한 치 사정없는 보도 귀퉁이
안주할 흙을 찾아 힘겹게 숨 쉬던
당신의 앙상한 가슴

길이 여덟 자 구덩이
꽃잎처럼 들어가신다
한 삽 흙으로 무너져 내리는
고사리골 산 메아리
"에호리 달회야"
멎은 숨결 어린 꽃잎을
넉넉히 받아들이는 노랫소리
산등성이 넘어오며
단단히 밟아 대는 바람소리

다지는 흙덩이 사이로
한껏 가벼이 솟아오르는
바람처럼 말린 아버지의 한 생
"에호리 달회야"
"이내 소리를 받아 주오"
소리자락 마디마디
사뿐히 밟으시곤
하늘하늘 걸어 들어가는
"에이허라 달호"
언제나 싹들이 움트는 그곳에
꽃잎으로 가시는 길
차마 봄을 축복하랴
한 삽 흙이 마저 무너진다

– 시 「아버지의 봄」 전문

무수히 깨알 같은 번호
찬찬히 들여다보며
이리 꿰고 저리 꿰고
엄마 다리 하나 만들었어
그물망 같던 조각들이
기특한 다리 한 짝이 되어
아들 손에 번쩍 들린다
그래 세상은 널려 있는
건담 조각을 꿰는 일이야
공들여 골똘히 맞추면
튼튼한 팔도 생기고

무엇이든 막을 수 있는 가슴
광채 나는 이마에
눈도 번쩍 뜨인단다
종일토록 세상을 만드는 아들
나는 건담을 위해 밥을 짓는다

– 시 「건담」 전문

'아스팔트 위/꽃잎이 날아다닌다/스밀 자리 없어 부유하는/꽃잎의 울음' 시 「아버지의 봄」 도입부의 언어이다. 스밀 자리 없어 부유하는 꽃잎은 아버지라는 인물의 사물성으로 존재한다. 그것도 생명력을 상실한 아스팔트라는 공간에서 부유하는 꽃잎이어서 꽃잎(아버지)의 울음은 보다 더 절실하게 다가온다. 흙을 찾아 안주하지 못한(삶의 뿌리를 뻗어내지 못한) 꽃잎이 비로소 여덟 자 구덩이에 몸을 눕히기 위해 들어가고 있다. 아버지의 죽음을 이르는 말이다. 세상을 내려놓은 아버지를 장지에 모시는 과정의 묘사가 이 시의 흐름으로 전개되는데, 고향 고사리골에서 치러진 회다지 과정이 눈에 선하도록 선명히 드러난다. '한 삽 흙으로 무너져 내리는/고사리골 산 메아리/"에호리 달회야"/멎은 숨결 어린 꽃잎을/넉넉히 받아들이는 노랫소리/산등성이 넘어오며/단단히 밟아 대는 바람소리/다지는 흙덩이 사이로/한껏 가벼이 솟아오르는/바람처럼 말린 아버지의 한 생' 이 하늘하늘 흙에 이르는 곳 언제나 싹들이 움트는 그곳, 꽃잎으로 가시는 길의 기대에 머문다. 그러나 '차마 봄을 축복하랴/한 삽 흙이 마저 무너진다' 는 이별의 아픔을 극명하게 보여주고 있다.

시 「건담」은 아들과 엄마의 관계 속에서 세상 삶의 존재를 연결짓고 있다. 앞서 보여준 시 「아버지의 봄」에서는 부녀간의 절대적 관계에서 파생된 이별의 거리를 짚어 내었다. 이처럼 시 「건담」에서는 세상에 널브러진 사물이며 의미들을 마치 수없이 많은 음식물이 육신에 들어가 활력을 일으키는 일처럼 내 안에 세상 의미를 깨달아 성장의 요소로 삼으려 한다. 식탐가의 욕심처럼 건담 조각들을 의식 속에 꿰어 담고 있다. '무수히 깨알 같은 번호/찬찬히 들여다보며/이리 꿰고 저리 꿰고/엄마 다리 하나 만들었어/그물망 같던 조각들이/기특한 다리 한 짝이 되어/아들 손에 번쩍 들린다/중략/종일토록 세상을 만드는 아들/나는 건담을 위해 밥을 짓는다' 의식에 닿는 어떤 의미든 많이 취할 수 있도록 아들의 건담(잘 먹고 많이 먹는 밥=의식을 열어 풍부하게 깨우침)을 위해 엄마는 오늘도 밥을 짓는다고 한다. 세상을 향한 아들의 발걸음을 기름지게 채워주기 위한 엄마의 '밥'은 영양가 높은 건담이기를 기대하는 모성의 깊이가 드러난다.

가을 아침이다 푸른 하늘 고운 단풍 가슴이 떨린다 여름내 너의 이파리는 초록색이라 믿었는데 너의 전설 어디쯤인가 깊숙이 잠겨 있던 너도 모르고 나도 모르던 빛깔들이 여기저기 튀어 나와 혼곤히 가슴을 흔든다 어쩌면 너는 통영 앞바다에서 반짝이는 아무도 풀어낼 수 없는 초록 물감이었다 어디론가 고동을 울리며 떠나야 하는 소매물도의 물빛처럼 너의 이마에 서늘했던 그래서 끝내 낯모르는 섬에 주저 없이 닿은 나의 머리칼도 한 올 한 올 푸른 보리 물결 되어 출렁이던 그 여름 설화의 빛깔이었다 너와 내가 아주 모르도록 숨어 있던 빛깔들은 붉은 듯 타는 듯 울음 울며 이 가을을 찾아와 잠자리 날개 파르르 떠는 가슴에 파고든다

– 시 「2006 가을」 전문

가만 놓아두면
햇살 튀겨 웃기도 하는데
건드리지 않으면
얌전한 겨울 햇살 졸음이 오는데

누렇게 말라 부서지는
갈대를 흔들어 대며
황량한 안산 갯벌을 휘돌아
그가 내게로 온다
웅크린 어깨 잡아 주면
잠자던 울음이 눈을 뜨고
목덜미 쓰다듬어 귓불 간질이면
으아앙~ 터져 나오는
넓은 들판 가로질러
매섭게 몸을 관통하는 바람
우와와~ 함성처럼 질러 대는
저조차 몰랐던
양철팔랑개비의 울음소리

— 시 「겨울 팔랑개비」 전문

멀리 바다가 물러서고 있었다
갯벌을 덮었던 자락을 천천히 거두며
들리지 않는 바다 소리는
가물거리며 뒷걸음하고 있었다
칠월의 햇살은 두터운 구름을 뚫고 나와
갯벌의 몸뚱이를 속속들이 훑어 내리고
갯벌은 속수무책束手無策 널려 있었다
어떤 몸짓으로도 저를 감출 수 없는 갯벌
물러서는 바다 뒤에 드러나 움푹 팬
바다를 탓할 수 없으나 썰물이 남기는
살아내야 할 삶의 깊고 어두운 허방

거품을 뿜으며 가쁜 숨으로 기어가는 게 한 마리
한때 꽃으로 날던 갈매기의 어두운 날개 그림자
그것은 어쩌면 일주막전—籌莫展
너의 최초의 모습일지도 몰랐다
한 움큼 갯벌을 집어
아주 오래된 삼엽충 숨소리를 듣다가
차마 벗지 못하는 선글라스로
갯벌 같은 얼굴을 가린다

– 시 「궁평리에서」 전문

위에 인용된 시 3편의 특징은 너와 나의 관계, 그와 나, 너와 나의 관계를 바탕으로 시의 의미를 천착하려 한다. 시 「2006 가을」 「겨울 팔랑개비」 「궁평리에서」에서 나는 어떤 존재의 옷을 입었으며, 그와 너는 나의 존재와 어떤 의미로 화답하는지를 들여다보게 한다. 시 「2006 가을」에서 말하려 하는 너는 '나무' 라는 사물로 대리된 인물이다. '너의 전설 어디쯤인가 깊숙이 잠겨 있던 너도 모르고 나도 모르던 빛깔들이 여기저기 튀어나와 혼곤히 가슴을 흔든다' 는 관계성은 '전설' 이라는 이야기로 전해져 내려오는 비 물리적 대상 속에 존재한다. 너도 모르고 나도 모르는 빛깔(단풍)의 흔들림, 가을빛으로 존재하는 이 흔들림은 '너' 의 통영 앞바다 반짝이는 초록 물감으로 기억 속 젊음을 싣고 오는 대상이다. 하여 어디론가 고동을 울리며 떠나야 하는 끝내 낯모르는 섬에 푸른 보리 물결이 되어 출렁이는 설화의 빛깔로 남아 있게 된다. 너와 내가 아주 모르도록 숨어 있던 붉은 듯 타는 듯 울음으로 오는 시 「2006 가을」은 그만큼 너와 나의 거리를 넓히며 다만 기억의 빛깔로 흔들리게 된다.

시 「겨울 팔랑개비」는 바람의 물리적 자극에 의해 흔들리는 갈대의 팔랑개비 움직임을 잡고 있다. '가만 놓아두면/햇살 튀겨 웃기도 하는데/

건드리지 않으면/얌전한 겨울 햇살 졸음이 오는데/누렇게 말라 부서지는/갈대를 흔들어 대며/황량한 안산 갯벌을 휘돌아/그가 내게로 온다'는 것이다. 그는 '바람'이다. 웅크린 어깨를 잡아 주지만 않아도 잠자던 울음(잠자던 감성)이 눈을 뜨지 않았을 것이라는 미세한 감각의 눈뜸을 짚고 있다. 목덜미 쓰다듬어 매섭게 몸을 관통하여 으아앙~ 터져나오는, 우와와 함성처럼 질러 대는 양철팔랑개비 울음소리를 내지 않았을 것이라 한다. 갈대의 팔랑개비 흔들림은 '그'라는 바람의 존재로 성립되는 상관성을 확인하게 한다. '으아앙'이나 '우와와'와 같은 양철팔랑개비라는 청각적 이미지의 본성은 이 시의 핵심적 메시지와 연결되는, 그와 나의 관계로 끌어낼 수 있는 음성적 메시지이다.

시 「궁평리에서」의 '너'는 한때 꽃(꿈)으로 날던 갈매기이다. 이 시의 메시지는 어떤 몸짓으로도 저를 감출 수 없는, 갯벌 위에서 살아내야 할 깊고 어두운 허방을 짚는 게 한 마리와 꽃으로 날던 갈매기의 어두운 날갯짓이다. '갯벌의 몸뚱이를 속속들이 훑어 내리고/갯벌은 속수무책束手無策 널려 있었다/어떤 몸짓으로도 저를 감출 수 없는 갯벌/중략/거품을 뿜으며 가쁜 숨으로 기어가는 게 한 마리/한때 꽃으로 날던 갈매기의 어두운 날개 그림자/그것은 어쩌면 일주막전一籌莫展/너의 최초의 모습일지도 몰랐다'한다. 한 발자국도 더 나아갈 수 없는 일주막전一籌莫展의 몸짓, 극도로 경직된 극한의 감정에 몰입된 카타르시스에 닿는 최초의 경험을 이 시는 갯벌을 배경으로 전하고 있다. 매우 섬세하고 예리한 감각기능을 흔드는 언어를 통하여 생명의 본능적 호흡을 끌어내고 있는 것이다. '한 움큼 갯벌을 집어/아주 오래된 삼엽충 숨소리를 듣다가/차마 벗지 못하는 선글라스로/갯벌 같은 얼굴을 가린다' 갯벌 속 삼엽충 숨소리(갑각류 화석으로 남은 조상의 숨소리)를 듣다가 숨소리에 묻은 갯벌의 얼굴(본능의 소리)을 선글라스로 가리고 만다. 원인숙 시의 깊이는 오감을 헤집어 본능의 감각 기능까지 분해하는, 대상을 향한 자유로운 소통의 힘을 지니고 있다. 첫 시집 『햇살이 만든 거리』의 시 「꽂지 해수욕장에서」나, 두 번째 시집 『머물지도 떠나지도 않는』의 시 「남근석에 올라」 등에서 주저 없이 보여주는 소재의 선택은 거침없이 붓 끝에 멎는 일필휘지一筆揮之의 명문처럼 예지를 담고 있다. 원인숙 시의 탁월한 시정신이다.

너는 바다를 갖고 있었다
동해의 수선스런 철썩임을 꿀꺽 삼킨

강원도 산골에서
기껏 화로에 구운 간고등어 대가리를 씹으며
꿈꾸던 나의 바다는
동해도 서해도 아닌
별처럼 영원히 닿을 수 없는
여로의 끝 피안이었는데

소용돌이치는 생의 뱃전
닻을 올려야 하는 짓눌린 한낮을
가슴에 쓸어 넣어 푸욱 담가서
풍도처럼 풍성하게 잔잔함을 우려내는
아늑함을 진국으로 고아내는

너는 그런 바다를 갖고 있었다

– 시 「당진 석문각에서」 전문

시인의 시선이 자신의 중심에 머무는 시 「당진 석문각에서」는 '너는 바다를 갖고 있었다' 로 첫 행의 의미를 잡는다. 강원도 횡성이 고향인

시인의 출생 배경, 지리적 성장 공간과 연결하여 의미를 잡는다면, 시인은 강원도 산골에서 '바다' 라는 무한의 깊이와 넓이로 꿈의 세계를 구축하고 미래를 설계했을 것이다. 하여 '기껏 화로에 구운 간고등어 대가리를 씹으며/꿈꾸던 나의 바다는/동해도 서해도 아닌/별처럼 영원히 닿을 수 없는/여로의 끝 피안이었는데' 라고 한다. 하지만 이 시에서 시인이 궁극적으로 바라보는 시선은 '너는 그런 바다를 갖고 있었다' 에 머문다. 네가 가지고 있는 바다의 풍요로움을 짚고 있다. 어쩌면 '너의 바다' 는 풍요로운 마음(삶)의 크기를 소유한 대상에 멎는 시선이다. '나의 바다' 가 지니고 있는 동해도 서해도 아닌 별처럼 영원히 닿을 수 없는 여로의 끝 피안에 비견되는 너를 향한 시선이다. '소용돌이치는 생의 뱃전/닻을 올려야 하는 짓눌린 한낮을/가슴에 쓸어 넣어 푸욱 담가서/풍도처럼 풍성하게 잔잔함을 우려내는/아늑함을 진국으로 고아내는/너는 그런 바다를 갖고 있었다' 는 것이다. '너' 를 바라보는 '나' 의 시선이 깊다.

원인숙 시의 깊이를 따라가 보면 그 언어 구조의 내밀한 세계에 빠지게 된다. '단순하게' 라는 의미를 무색하게 하는 치밀한 행과 행들의 조합으로 이룩한 감각 기능은 쉽게 열리지 않을 수도 있다. 그러나 그의 시가 추축해 놓은 언어의 집 키워드만 찾는다면 생명 있는 존재가 근원적으로 제시하는 감성의 세상과 마주하게 된다. 시인의 두 번째 시집이 전하는 총체적 메시지는 시집의 제목으로 제시한 '머물지도 떠나지도 않는' 봄의 이미지일 것이다. 어쩌면 그 봄의 이미지가 담고 있는 '사랑' 의 갈망이며 혹은 관망의 거리일 수 있을 것이다. 아무튼 국내외 여러 나라를 시선에 담은 기행시를 포함하여 계절과 나무 등으로 천착한 79편의 시들은 각기 제 생명을 지니고 독자 앞에 올곧이 호흡하리라는 기대를 갖게 한다.